CONTEÚDO DIGITAL PARA ALUNOS

Cadastre-se e transforme seus estudos em uma experiência única de aprendizado:

1 Escaneie o QR Code para acessar a página de cadastro.

2 Complete-a com seus dados pessoais e as informações de sua escola.

3 Adicione ao cadastro o código do aluno, que garante a exclusividade de acesso.

1282826A7370789

CB040638

Agora, acesse:
www.editoradobrasil.com.br/leb
e aprenda de forma inovadora e diferente! :D

Lembre-se de que esse código, pessoal e intransferível, é valido por um ano. Guarde-o com cuidado, pois é a única maneira de você utilizar os conteúdos da plataforma.

Editora do Brasil

Educação Infantil

Jaime Teles da Silva
Graduado em Pedagogia
Bacharel e licenciado em Educação Física
Especializado em Educação Física Escolar
Professor na rede municipal

Letícia García
Formada em Pedagogia
Professora de Educação Infantil

Vanessa Mendes Carrera
Mestre em Educação
Pós-graduada em Alfabetização e Letramento
Graduada em Pedagogia
Professora de Educação Infantil e do 1º ano
do Ensino Fundamental

Viviane Osso L. da Silva
Pós-graduada em Neurociência Aplicada à Educação
Pós-graduada em Educação Inclusiva
Graduada em Pedagogia
Professora de Educação Infantil e do 1º ano
do Ensino Fundamental

Dados Internacionais de Catalogação na Publicação (CIP)
(Câmara Brasileira do Livro, SP, Brasil)

> Brincando com os números: educação infantil 1 / Jaime Teles da Silva...[et al.]. – São Paulo: Editora do Brasil, 2019.
>
> Outros autores: Letícia García, Vanessa Mendes Carrera, Viviane Osso L. da Silva.
> ISBN 978-85-10-07764-4 (aluno)
> ISBN 978-85-10-07765-1 (professor)
>
> 1. Educação infantil I. Silva, Jaime Teles da. II. García, Letícia. III. Carrera, Vanessa Mendes. IV. Silva, Viviane Osso L. da.
>
> 19-28173　　　　　　　　　　　CDD-372.21

Índices para catálogo sistemático:
1. Educação infantil 372.21
Iolanda Rodrigues Biode - Bibliotecária - CRB-8/10014

© Editora do Brasil S.A., 2019
Todos os direitos reservados

Direção-geral: Vicente Tortamano Avanso

Direção editorial: Felipe Ramos Poletti
Gerência editorial: Erika Caldin
Supervisão de arte e editoração: Cida Alves
Supervisão de revisão: Dora Helena Feres
Supervisão de iconografia: Léo Burgos
Supervisão de digital: Ethel Shuña Queiroz
Supervisão de controle de processos editoriais: Roseli Said
Supervisão de direitos autorais: Marilisa Bertolone Mendes

Supervisão editorial: Carla Felix Lopes
Coordenação pedagógica: Vanessa Mendes Carrera
Edição: Monika Kratzer
Assistência editorial: Beatriz Pineiro Villanueva
Auxílio editorial: Marcos Vasconcelos
Copidesque: Gisélia Costa, Ricardo Liberal e Sylmara Beletti
Revisão: Andréia Andrade, Fernanda Rizzo e Marina Moura
Pesquisa iconográfica: Isabela Meneses
Assistência de arte: Letícia Santos
Design gráfico: Gabriela César e Megalo Design
Capa: Megalo Design
Imagem de capa: Vanessa Alexandre
Ilustrações: Brambilla, Cláudia Marianno, Desenhorama, Estúdio dois de nós, Fernando Raposo, Eduardo Belmiro, Flip Estúdio, Kau Bispo, Lie Nobusa, Sonia Horn
Coordenação de editoração eletrônica: Abdonildo José de Lima Santos
Editoração eletrônica: NPublic/Formato Comunicação
Licenciamentos de textos e produção fonográfica: Cinthya Utiyama, Jennifer Xavier, Paula Harue Tozaki e Renata Garbellini
Controle de processos editoriais: Bruna Alves, Carlos Nunes e Stephanie Paparella

1ª edição / 2ª impressão, 2020
Impresso na Melting Indústria Gráfica.

Rua Conselheiro Nébias, 887
São Paulo/SP – CEP 01203-001
Fone: +55 11 3226-0211

www.editoradobrasil.com.br

APRESENTAÇÃO

QUERIDA CRIANÇA,

VAMOS BRINCAR DE APRENDER? AFINAL, QUEM BRINCA APRENDE!

NESTE LIVRO, VOCÊ VAI CONHECER HISTÓRIAS, APRENDER BRINCADEIRAS, RECITAR CANTIGAS E PARLENDAS, BRINCAR DE ADIVINHAR, PINTAR, DESENHAR, REFLETIR SOBRE SITUAÇÕES DO DIA A DIA E COMPARTILHAR EXPERIÊNCIAS COM OS COLEGAS.

VOCÊ TAMBÉM VAI CRIAR E RECRIAR ARTE DO SEU JEITINHO, EXPLORANDO DIVERSOS MATERIAIS E DESCOBRINDO FORMAS CRIATIVAS DE UTILIZÁ-LOS.

FICOU ANIMADA?

ENTÃO, EMBARQUE NESTA DIVERTIDA APRENDIZAGEM E BOA BRINCADEIRA!

OS AUTORES

SUMÁRIO

CORES .... 6 A 11
PINTURA LIVRE; CORES DIFERENTES; GÊNERO TEXTUAL: CANTIGA; SEQUÊNCIA DE CORES; COR FAVORITA; GÊNERO TEXTUAL: POEMA; DESENHO OU RECORTE DE REVISTAS; CORES PRIMÁRIAS; COLAGEM DE ADESIVOS; LEGENDA DE CORES; CORRESPONDÊNCIA DE OBJETOS COM A MESMA COR; GÊNERO TEXTUAL: ADIVINHA.

GRANDEZAS .... 12 A 20
LARGO E ESTREITO; GÊNERO TEXTUAL: ADIVINHA; PINTURA; MAIOR E MENOR; GÊNERO TEXTUAL: CANTIGA; COLAGEM DE PICOTE; TAMANHOS IGUAIS E DIFERENTES; ALTO E BAIXO; FINO E GROSSO; CURTO E COMPRIDO; GRANDE E PEQUENO.

POSIÇÃO .... 21 A 30
EM CIMA E EMBAIXO; DESENHO; PINTURA COM AQUARELA; GÊNERO TEXTUAL: CANTIGA; ACIMA E ABAIXO; PINTURA; ENTRE; GÊNERO TEXTUAL: PARLENDA; AO LADO; NA FRENTE E ATRÁS; PERTO E LONGE; COLAGEM DE PICOTE; PRIMEIRO E ÚLTIMO; FORA E DENTRO.

DIREÇÃO E SENTIDO .... 31 A 35
ESQUERDA E DIREITA; PINTURA; PARA CIMA E PARA BAIXO; SETAS INDICATIVAS DE DIREÇÃO; BRINCANDO COM ARTE: CONSTRUÇÃO DE BRINQUEDO; COLAGEM DE PICOTE; BRINCANDO COM SITUAÇÕES MATEMÁTICAS.

PASSAGEM CRONOLÓGICA DO TEMPO .... 36 A 39
O QUE ACONTECEU PRIMEIRO; GÊNERO TEXTUAL: ADIVINHA; PINTURA; ANTES E DEPOIS; GÊNERO TEXTUAL: PARLENDA; COLAGEM DE PICOTE; NOITE E DIA; GÊNERO TEXTUAL: QUADRINHA.

CAPACIDADE E MASSA .... 40 A 42
LEVE E PESADO; PINTURA; CHEIO E VAZIO; COLAGEM DE PEDAÇOS DE PAPEL DE PRESENTE.

OPOSTOS .... 43 A 46
ABERTO E FECHADO; ATENÇÃO SELETIVA; LISO E ÁSPERO; COLAGEM DE PAPEL TEXTURIZADO; MOLE E DURO; COLAGEM DE ADESIVO; DESENHO; QUENTE E FRIO; GÊNERO TEXTUAL: PARLENDA.

FIGURAS GEOMÉTRICAS .... 47 A 52
SÓLIDOS GEOMÉTRICOS: ESFERA, PARALELEPÍPEDO, CUBO, CILINDRO, CONE; GÊNERO TEXTUAL: CANTIGA; FIGURAS GEOMÉTRICAS PLANAS: TRIÂNGULO, CÍRCULO, QUADRADO, RETÂNGULO; CORRESPONDÊNCIA DE OBJETOS COM FIGURA GEOMÉTRICA COM QUE SE ASSEMELHA; BRINCANDO COM ARTE: CARIMBO DA FACE DE OBJETOS COM TINTA GUACHE.

CLASSIFICAÇÃO .... 53 A 58
CLASSIFICAÇÃO POR TAMANHO; CLASSIFICAÇÃO POR UTILIDADE; CLASSIFICAÇÃO POR COR; COLAGEM DE ADESIVO; CLASSIFICAÇÃO POR CONJUNTO DE PERTENCIMENTO; GÊNERO TEXTUAL: MÚSICA; RECORTE E COLAGEM DE JORNAIS E REVISTAS; ELABORAÇÃO DE CRITÉRIOS DE CLASSIFICAÇÃO; BRINCANDO COM SITUAÇÕES MATEMÁTICAS; GÊNERO TEXTUAL: CANTIGA.

SEQUÊNCIA E SERIAÇÃO .... 59 A 64
SEQUÊNCIA POR TAMANHO: PEQUENO, MÉDIO E GRANDE; GÊNERO TEXTUAL: CANTIGA; COLAGEM DE ADESIVO; SEQUÊNCIA DE ACONTECIMENTOS; SEQUÊNCIA DE CORES; PINTURA; DESENHO; SEQUÊNCIA DO MAIOR PARA O MENOR; SEQUÊNCIA DO MENOR PARA O MAIOR; COLAGEM DE ADESIVOS; GÊNERO TEXTUAL: POEMA; BRINCANDO COM ARTE: PINTURA COM TINTA E PINCEL DE DIFERENTES ESPESSURAS.

CORRESPONDÊNCIA .... 65 A 68
CORRESPONDÊNCIA POR COR; PINTURA COM GIZ DE CERA; CORRESPONDÊNCIA UM A UM; GÊNERO TEXTUAL: CANTIGA; DESENHO; CORRESPONDÊNCIA POR FORMA; PINTURA LIVRE; CORRESPONDÊNCIA POR UTILIDADE; SÍMBOLOS E PLACAS.

QUANTIDADE .... 69 A 74
MUITO E POUCO; GÊNERO TEXTUAL: ADIVINHA; PINTURA COM TINTA A DEDO; MAIS E MENOS; PINTURA; UM E NENHUM; MESMA QUANTIDADE; DESENHO; BRINCANDO COM SITUAÇÕES MATEMÁTICAS.

NÚMEROS DE 1 A 10 .... 75 A 95
GRAFIA DOS NÚMEROS DE 1 A 10; COBERTURA DE TRACEJADO E ESCRITA DOS NÚMEROS; REPRESENTAÇÃO DAS QUANTIDADES DE 1 A 10; CONTAGEM DE ELEMENTOS; DESENHO; GÊNERO TEXTUAL: ADIVINHA; PINTURA; PINTURA DE ACORDO COM A LEGENDA; COLAGEM DE ADESIVOS; GÊNERO TEXTUAL: QUADRINHA; GÊNERO TEXTUAL: CANTIGA; ATENÇÃO SELETIVA: BRINCANDO COM ARTE: JOGO DA MEMÓRIA COM PEÇAS DO ENCARTE.

ONDE USAMOS OS NÚMEROS? .... 96 A 100
GÊNERO TEXTUAL: POEMA; PERCEPÇÕES DOS NÚMEROS EM SITUAÇÕES DO COTIDIANO; RECONHECIMENTO DOS NÚMEROS EM CENAS; PINTURA COM COLA COLORIDA; ESCRITA DE NÚMEROS; PINTURA; CONTAGEM.

HISTÓRIAS E NÚMEROS .... 101 A 104
GÊNERO TEXTUAL: NARRATIVA; COBERTURA DE TRACEJADO; PINTURA; ORGANIZAÇÃO DO MAIOR AO MENOR; COLAGEM DE ADESIVOS; CORRESPONDÊNCIA DE OBJETOS E FIGURAS GEOMÉTRICAS COM QUE SE ASSEMELHAM; DESENHO.

SITUAÇÕES-PROBLEMA .... 105 A 112
TEMPERATURAS: QUENTE, FRIO E MORNO; DESENHO; TAMANHOS: PEQUENO, MÉDIO E GRANDE; BRINCANDO COM SITUAÇÕES MATEMÁTICAS; SEQUÊNCIA DE CORES; PINTURA; CONTAGEM; CORRESPONDÊNCIA UM A UM POR TAMANHO; FIGURAS GEOMÉTRICAS; SEQUÊNCIA EM UMA HISTÓRIA; ESCRITA DE NÚMEROS.

ENCARTES DE ADESIVOS .... 113 A 120

ENCARTES DE PICOTES .... 121 A 128

CORES

VAMOS DEIXAR A RUA BEM COLORIDA?
PINTE OS LADRILHOS USANDO CORES DIFERENTES.

SE ESSA RUA

SE ESSA RUA,
SE ESSA RUA FOSSE MINHA
EU MANDAVA,
EU MANDAVA LADRILHAR
COM PEDRINHAS,
COM PEDRINHAS DE BRILHANTES
PARA O MEU,
PARA O MEU AMOR PASSAR.

CANTIGA.

CONTINUE PINTANDO OS LADRILHOS CONFORME A SEQUÊNCIA DE CORES.

PINTE O LADRILHO COM SUA COR FAVORITA.

AÇAÍ

AÇAÍ NASCE VERDINHO,
MAS DEPOIS BEM ROXO FICA.
O REDONDO AÇAÍ
DEIXA A VIDA BEM MAIS RICA! [...]

CÉSAR OBEID. CORES DA AMAZÔNIA: FRUTAS E BICHOS DA FLORESTA. SÃO PAULO: EDITORA DO BRASIL, 2015. P. 14.

DESENHE OU RECORTE DE REVISTAS OBJETOS QUE SEJAM DE SUA COR FAVORITA. COLE-OS AQUI.

AGORA, VAMOS OBSERVAR ESTAS CORES.

DESTAQUE AS FIGURAS DA PÁGINA 113 E COLE-AS NO QUADRO ABAIXO, SEGUINDO A LEGENDA DE CORES.

AZUL	
VERMELHO	
AMARELO	

QUAIS CORES VOCÊ VÊ AQUI?
LIGUE OS OBJETOS QUE TÊM A MESMA COR.

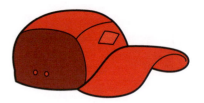

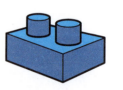

PINTE OS CARROS DA RUA CONFORME A LEGENDA.

O QUE É, O QUE É?

ANDA, ANDA E NÃO SE CANSA.
CORRE, CORRE E LONGE ALCANÇA.

ADIVINHA.

GRANDEZAS

A CANTIGA DA PÁGINA 6 DIZ QUE UMA PESSOA GOSTARIA DE COLOCAR PEDRINHAS DE BRILHANTE NA RUA. COMO É SUA RUA?

PINTE:

- DE **ROXO** A RUA MAIS **LARGA**;
- DE **LARANJA** A RUA MAIS **ESTREITA**.

O QUE É, O QUE É?
É FEITA PARA ANDAR, MAS NÃO ANDA?

ADIVINHA.

NAS RUAS, NORMALMENTE HÁ CASAS, PRÉDIOS E OUTRAS CONSTRUÇÕES.

DESTAQUE AS FIGURAS DA PÁGINA 121 E COLE:

- A CASA **MAIOR** NA RUA DA MENINA;
- A CASA **MENOR** NA RUA DO MENINO.

QUEM MORA?

QUEM MORA NA CASA TORTA,
SEM JANELINHA E SEM PORTA?
[...]
UM GATO QUE USA SAPATO
E TEM RETRATO NO QUARTO.
UMA FLORZINHA PEQUENININHA
DE SAINHA CURTINHA. [...]

DENISE MENDONÇA E MARIA MAZETTI. DISCO OLÁ, 1988.

COMO É GOSTOSO CAMINHAR EM UMA RUA ARBORIZADA!
- PINTE AS ÁRVORES QUE TÊM **TAMANHOS IGUAIS**.
- FAÇA UM **X** NA ÁRVORE DE **TAMANHO DIFERENTE**.

MEU LIMÃO, MEU LIMOEIRO

MEU LIMÃO, MEU LIMOEIRO,
MEU PÉ, MEU PÉ DE JACARANDÁ.
UMA VEZ, TINDOLELÊ
OUTRA VEZ, TINDOLALÁ.

CANTIGA.

NAS RUAS DA CIDADE PODEMOS VER MUITOS PRÉDIOS.
- CIRCULE O PRÉDIO **MAIS BAIXO**.
- PINTE O PRÉDIO **MAIS ALTO**.

VOCÊ SABE O QUE ILUMINA AS RUAS DURANTE A NOITE?

- CUBRA COM GIZ DE CERA O FIO **MAIS FINO**.
- COLE BARBANTE NO FIO **MAIS GROSSO**.

DESENHE UMA PESSOA PASSEANDO PELA RUA.

NAS RUAS COSTUMA HAVER LOJAS E OUTROS COMÉRCIOS.
- FAÇA BOLINHAS COM LÁPIS DE COR NO CAMINHO MAIS **CURTO**.
- PINTE O CAMINHO MAIS **COMPRIDO**.

UNI-DUNI-TÊ

UNI-DUNI-TÊ
SALAMÊ-MINGUÊ
O SORVETE COLORÊ
O ESCOLHIDO FOI VOCÊ.

CANTIGA.

OBSERVE A ENTRADA DA SORVETERIA E A DA LOJA DE PIANOS.

- FAÇA UM **X VERDE** NA PORTA **GRANDE**.
- FAÇA UM **X VERMELHO** NA PORTA **PEQUENA**.

A PORTINHA FECHA
QUANDO ESTÁ CHOVENDO!
A PORTINHA ABRE
SE O SOL ESTÁ APARECENDO!
FECHOU, ABRIU,
FECHOU, ABRIU,
FECHOU!

CANTIGA.

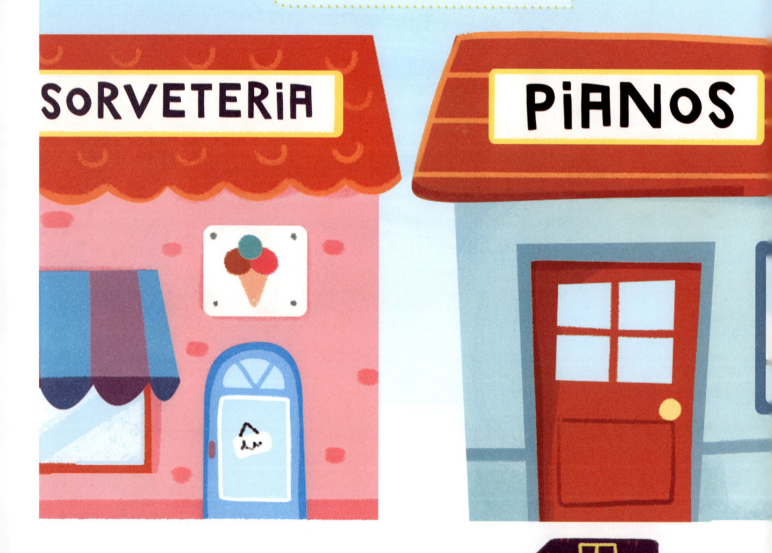

POSIÇÃO

BENTO GANHOU UM PIANO DE SEU AVÔ E O COLOCOU NA SALA DA CASA DELE. OBSERVE O PIANO E DESENHE:

- UM COPO **EM CIMA** DO PIANO;
- UM BANCO **EMBAIXO** DELE.

LÁ EM CIMA DO PIANO

LÁ EM CIMA DO PIANO
TINHA UM COPO DE VENENO
QUEM BEBEU, MORREU,
O AZAR FOI SEU.

CANTIGA.

AGORA, PINTE O PIANO COM TINTA AQUARELA.

AJUDE BENTO A ENCONTRAR O LIVRO DE MÚSICA.
OBSERVE A ESTANTE E PINTE:
- DE **VERMELHO** OS LIVROS **ACIMA** DOS RETRATOS;
- DE **AZUL** OS LIVROS **ABAIXO** DOS RETRATOS.

AGORA, CIRCULE O LIVRO DE MÚSICA.

FAÇA UM **X** NO PORTA-RETRATOS QUE ESTÁ **ENTRE** OS DOIS DE MOLDURA AZUL.

CIRCULE A FLOR QUE ESTÁ **ENTRE** AS DUAS ROSAS VERMELHAS.

PINHEIRO, DÁ-ME UMA PINHA,
ROSEIRA, DÁ-ME UM BOTÃO,
MORENA, DÁ-ME UM ABRAÇO
QUE TE DOU MEU CORAÇÃO.

PARLENDA.

AGORA QUE BENTO ENCONTROU O LIVRO, ELE CONVIDOU SUAS PRIMAS PARA TOCAR COM ELE.

PINTE A MENINA QUE ESTÁ **AO LADO** DE BENTO.

LOJA DO MESTRE ANDRÉ
FOI NA LOJA DO MESTRE ANDRÉ
QUE EU COMPREI UM PIANINHO
PLIM, PLIM, PLIM
UM PIANINHO.

CANTIGA.

APÓS TOCAR PIANO, AS CRIANÇAS FORAM ASSISTIR A DESENHOS.
- CIRCULE TUDO O QUE ESTÁ **NA FRENTE** DO SOFÁ.
- FAÇA UM **X** NO QUE ESTÁ **ATRÁS** DO SOFÁ.

PASSARÁS, NÃO PASSARÁS,
MAS UM DELES VAI FICAR,
SE NÃO FOR O DA FRENTE,
HÁ DE SER O DE TRÁS.

CANTIGA.

FLUFI E LUNA TAMBÉM VIERAM ASSISTIR À TV.
DESTAQUE AS FIGURAS DA PÁGINA 121 E COLE:
- A ALMOFADA **VERMELHA PERTO** DA CACHORRA;
- A ALMOFADA **ROXA LONGE** DELA.

AGORA, DESENHE UMA BOLINHA **PERTO** DO GATINHO PARA ELE BRINCAR.

LUNA OUVIU O LATIDO DE SEUS FILHOTES E FOI AO ENCONTRO DELES. OS FILHOTES ANDARAM EM FILA ATÉ A MAMÃE.

PINTE O **PRIMEIRO** CÃOZINHO DA FILA E CIRCULE O **ÚLTIMO**.

BOM BARQUEIRO

BOM BARQUEIRO, BOM BARQUEIRO,
DEIXE-ME PASSAR, PASSAR,
TENHO FILHOS PEQUENINOS
PARA ACABAR DE CRIAR, DE CRIAR.

CANTIGA.

NO FINAL DO DIA, ALGUNS FILHOTINHOS QUISERAM DESCANSAR. DESTAQUE AS FIGURAS DA PÁGINA 123 E COLE:

- DOIS CACHORRINHOS **FORA** DA CASINHA;
- TRÊS CACHORRINHOS **DENTRO** DA CASINHA.

A CARROCINHA

A CARROCINHA PEGOU
TRÊS CACHORROS DE UMA VEZ.
A CARROCINHA PEGOU
TRÊS CACHORROS DE UMA VEZ.
TRALALÁ QUE GENTE É ESSA?
TRALALÁ QUE GENTE MÁ!

CANTIGA.

DIREÇÃO E SENTIDO

PINTE DE **ROSA** OS PASSARINHOS QUE FUGIRAM PARA A **ESQUERDA** DA GAIOLA.

PINTE DE **LARANJA** OS PASSARINHOS QUE FUGIRAM PARA A **DIREITA** DA GAIOLA.

ESQUERDA

DIREITA

BRINCANDO COM ARTE

VAMOS CONSTRUIR UM PASSARINHO QUE ENTRA E SAI DA GAIOLA?

SIGA O PASSO A PASSO, SEGURE AS PONTAS **ESQUERDA** E **DIREITA** DO BARBANTE COM OS DEDOS INDICADOR E POLEGAR E ESFREGUE-OS **PARA CIMA** E **PARA BAIXO** ATÉ O CÍRCULO DE PAPEL COMEÇAR A GIRAR.

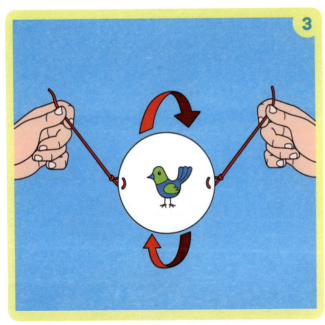

AS AVES QUEREM VOAR LIVRES!

DESTAQUE AS FIGURAS DA PÁGINA 121 E COLE:

- 3 AVES VOANDO **PARA CIMA**;
- 2 AVES VOANDO **PARA BAIXO**.

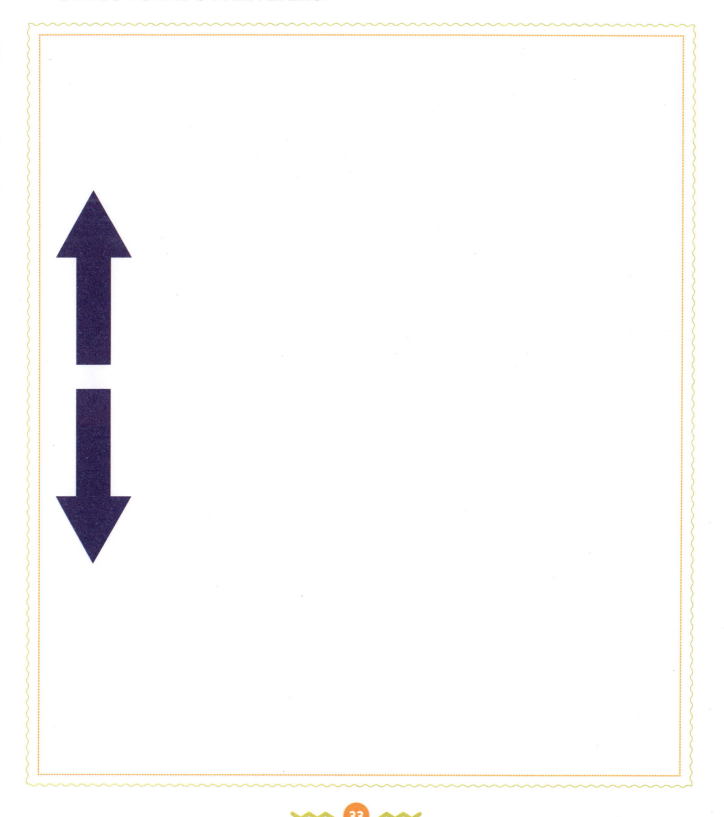

BRINCANDO COM SITUAÇÕES MATEMÁTICAS

OBSERVE AS SITUAÇÕES E COMPREENDA A HISTÓRIA.

PASSAGEM CRONOLÓGICA DO TEMPO

O QUE É, O QUE É?

TENHO ASAS, MAS NÃO TENHO PENAS.
SEI VOAR, MAS NÃO SOU AVE.
QUANDO DURMO, ME PENDURO
E NÃO HÁ QUEM ME ACHE.

ADIVINHA.

PINTE A CENA QUE ACONTECEU **PRIMEIRO**.

MORCEGUINHO, MORCEGÃO,
QUE HORAS SÃO?
MEIA-NOITE!

PARLENDA.

HELENA ESTÁ BRINCANDO COM OS AMIGOS DE **MORCEGUINHO, MORCEGÃO**! SIGA AS ORIENTAÇÕES DO PROFESSOR E BRINQUE VOCÊ TAMBÉM.

DESTAQUE AS ILUSTRAÇÕES DA PÁGINA 123. COLE-AS ABAIXO NA ORDEM CORRETA, PRESTANDO ATENÇÃO AO QUE ACONTECEU **ANTES** E **DEPOIS** NA BRINCADEIRA.

HELENA NÃO VÊ A HORA DE O DIA AMANHECER. SERÁ A FESTA DE SEU ANIVERSÁRIO!

- CIRCULE A CENA QUE REPRESENTA A **NOITE**.
- PINTE A CENA QUE REPRESENTA O **DIA**.

A NOITE FOI EMBORA
LÁ NO FUNDO DO QUINTAL,
ESQUECEU A LUA CHEIA
PENDURADA NO VARAL.

QUADRINHA.

CAPACIDADE E MASSA

HELENA ESTÁ ARRUMANDO A MESA DO ANIVERSÁRIO DELA.

DOS OBJETOS QUE ESTÃO SOBRE A MESA, CIRCULE OS QUE VOCÊ ACHA QUE SÃO **LEVES** E PINTE OS QUE VOCÊ ACHA QUE SÃO **PESADOS**.

HELENA JÁ GANHOU ALGUNS PRESENTES!

PINTE O PRESENTE QUE PARECE SER **LEVE** E CIRCULE O QUE PARECE SER **PESADO**.

HELENA JOGOU OS PAPÉIS DOS PRESENTES NO LIXO RECICLÁVEL.

- PINTE DE **AZUL** O CESTO QUE ESTÁ **CHEIO**.
- COLE PEDACINHOS DE PAPEL DE PRESENTE AMASSADO PARA ENCHER O LIXO QUE ESTÁ **VAZIO**.

OPOSTOS

ALGUNS DOS PRESENTES QUE HELENA GANHOU VIERAM EM CAIXAS. LIGUE AS CAIXAS **ABERTAS** ÀS RESPECTIVAS TAMPAS.

CIRCULE OS PRESENTES QUE AINDA ESTÃO **FECHADOS**.

VAMOS ENFEITAR ESTE PRESENTE?

COLE PEDACINHOS DE PAPEL DE TEXTURA **LISA** E DE TEXTURA **ÁSPERA** NELE.

DENTRO DE ALGUMAS CAIXAS DE PRESENTE HAVIA BRINQUEDOS! DESTAQUE AS FIGURAS DA PÁGINA 113 E COLE-AS NO LUGAR CERTO.

MOLE	DURO

AGORA, DESENHE UM BRINQUEDO DE QUE VOCÊ GOSTA E CLASSIFIQUE-O COMO DURO OU MOLE.

MOLE	DURO

NA FESTA DE HELENA FORAM SERVIDAS BEBIDAS.

USANDO CANETA HIDROCOR, CIRCULE DE **AZUL** A BEBIDA **FRIA** E DE **VERMELHO** A BEBIDA **QUENTE**.

SUCO GELADO
CABELO ARREPIADO
QUAL É A LETRA
DO SEU NAMORADO?

PARLENDA.

AGORA, DESENHE UMA BEBIDA QUE VOCÊ GOSTE DE TOMAR E CLASSIFIQUE-A COMO FRIA OU QUENTE.

| QUENTE | FRIA |

FIGURAS GEOMÉTRICAS

CIRCULE A FIGURA GEOMÉTRICA QUE SE PARECE COM A FORMA DO COPO USADO NA FESTA DE HELENA.

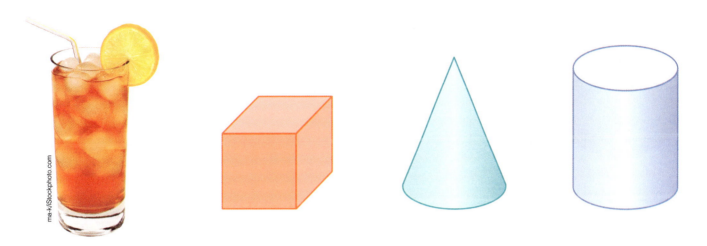

CIRCULE A FIGURA GEOMÉTRICA QUE SE PARECE COM A FORMA DO CHAPÉU DE FESTA.

 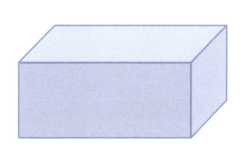  

MEU CHAPÉU TEM TRÊS PONTAS

O MEU CHAPÉU TEM TRÊS PONTAS,
TEM TRÊS PONTAS O MEU CHAPÉU.
SE NÃO TIVESSE TRÊS PONTAS,
NÃO SERIA O MEU CHAPÉU.

CANTIGA.

NA FESTA DE HELENA TAMBÉM HAVIA BALÕES DE FESTA.

CIRCULE A FIGURA GEOMÉTRICA QUE SE PARECE COM A FORMA DO BALÃO DE FESTA.

PARA COMER, HAVIA TORTA.

CIRCULE A FIGURA GEOMÉTRICA QUE SE PARECE COM A TORTA.

 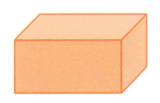 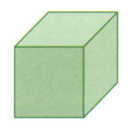 

PARA SENTAR, HAVIA PUFES COLORIDOS.

CIRCULE A FIGURA GEOMÉTRICA QUE SE PARECE COM O PUFE.

 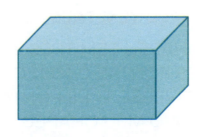  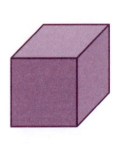

VEJA ALGUNS BRINQUEDOS QUE HELENA GANHOU.

ELA DECIDIU DESENHAR O CONTORNO DESSES BRINQUEDOS, DESCOBRINDO NOVAS FORMAS.

PINTE CADA FIGURA GEOMÉTRICA A SEGUIR COM A COR DO BRINQUEDO COM QUE SE PARECE.

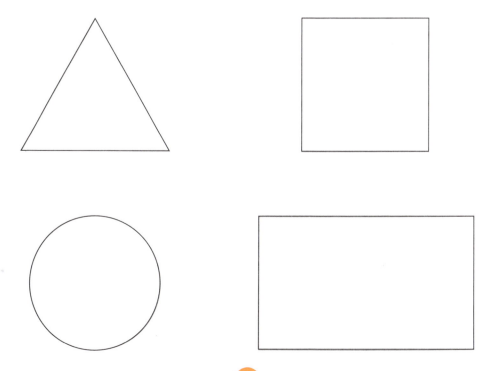

OBSERVE ESTES OBJETOS E LIGUE-OS À FIGURA GEOMÉTRICA CORRESPONDENTE.

BRINCANDO COM ARTE

AGORA VAMOS FAZER ARTE!

ASSIM COMO HELENA FEZ AO LADO, CARIMBE ALGUNS OBJETOS NO ESPAÇO ABAIXO E DESCUBRA A FORMA QUE UM DE SEUS LADOS TEM.

CLASSIFICAÇÃO

HELENA TINHA OUTROS BRINQUEDOS NO QUARTO. QUE TAL AJUDÁ-LA A ORGANIZÁ-LOS?

LIGUE OS BRINQUEDOS DO **MESMO TAMANHO**. DEPOIS, PINTE-OS.

CIRCULE OS BRINQUEDOS ABAIXO QUE PODEM FAZER PARTE DA BRINCADEIRA COM BONECAS.

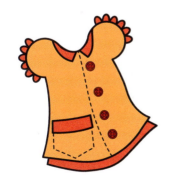

VOCÊ JÁ ORGANIZOU BRINQUEDOS POR COR?

DESTAQUE AS FIGURAS DA PÁGINA 115 E COLE-AS, ARRUMANDO OS BRINQUEDOS POR **COR**.

VERDE	LARANJA	AZUL

AGORA, VAMOS ORGANIZAR OS BRINQUEDOS EM CONJUNTO!

DESTAQUE AS FIGURAS DA PÁGINA 115 E COLE CADA BRINQUEDO NO **CONJUNTO** A QUE ELE PERTENCE.

O AVIÃO

SOU MAIS LIGEIRO QUE UM CARRO,
CORRO BEM MAIS QUE UM NAVIO.
SOU O PASSARINHO MAIOR
QUE ATÉ HOJE VOCÊ NA SUA VIDA JÁ VIU.

TOQUINHO. O AVIÃO. IN: CASA DE BRINQUEDOS. POLYGRAM, 1983.

RECORTE DE JORNAIS E REVISTAS IMAGENS QUE POSSAM FAZER PARTE DE UM MESMO CONJUNTO E, DEPOIS, COLE-AS NO QUADRO.

BRINCANDO COM SITUAÇÕES MATEMÁTICAS

OBSERVE AS CENAS E COMPREENDA A HISTÓRIA.

ALGUNS BRINQUEDOS IMITAM OBJETOS REAIS.

FAÇA UM **X** NAS IMAGENS QUE REPRESENTAM BRINQUEDOS.

CIRCULE A FIGURA QUE NÃO REPRESENTA UM UTENSÍLIO DE COZINHA.

BORBOLETINHA

BORBOLETINHA
TÁ NA COZINHA
FAZENDO CHOCOLATE
PARA A MADRINHA.
POTI POTI
PERNA DE PAU
OLHO DE VIDRO
E NARIZ DE PICA-PAU.

CANTIGA.

SEQUÊNCIA E SERIAÇÃO

VOCÊ CONHECE ESSES UTENSÍLIOS DE COZINHA?
DESTAQUE AS FIGURAS DA PÁGINA 117 E COMPLETE AS **SEQUÊNCIAS**.

BORBOLETÃO

BORBOLETÃO
TÁ NO FOGÃO,
FAZENDO MACARRÃO
PARA O IRMÃO.

CANTIGA.

VOCÊ TAMBÉM GOSTA DE COMER MACARRÃO, ASSIM COMO O IRMÃO DO BORBOLETÃO?

COLOQUE A HISTÓRIA NA **SEQUÊNCIA** CORRETA NUMERANDO-A DE **1** A **4**.

FRUTAS SÃO ÓTIMAS SOBREMESAS.
CONTINUE DESENHANDO A SEQUÊNCIA.

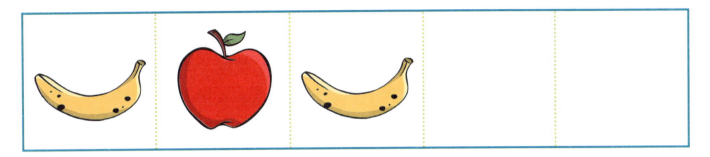

PARA COMER TANTAS FRUTAS GOSTOSAS, PRECISAMOS DE TIGELAS.
PINTE AS TIGELAS PARA COMPLETAR A SEQUÊNCIA.

DESENHE E PINTE A FRUTA DE QUE VOCÊ MAIS GOSTA.

VOCÊ CONHECE MUITAS FRUTAS?

DESTAQUE AS FIGURAS DA PÁGINA 117 E COLE AS FRUTAS EM ORDEM DA **MAIOR** PARA A **MENOR**.

> NO POMAR, AS ÁRVORES ESTÃO POR TODA PARTE...
> PÉ DE LARANJA, PÉ DE ABACATE, PÉ DE LIMÃO,
> FRUTA NO PÉ, FRUTA NA MÃO!
>
> **ELLEN PESTILI. HORTA, POMAR E JARDIM: BRINCADEIRA NÃO TEM FIM. SÃO PAULO: EDITORA DO BRASIL, 2016. P. 12.**

DESTAQUE AS FIGURAS DA PÁGINA 117 E COLE OS COPOS DE SUCO EM ORDEM DO **MENOR** PARA O **MAIOR**.

BRINCANDO COM ARTE

VAMOS FAZER TRAÇADOS COM PINCÉIS DE TAMANHOS DIFERENTES? O QUE SERÁ QUE VAI APARECER?

SIGAS AS ORIENTAÇÕES DO PROFESSOR E DIVIRTA-SE.

CORRESPONDÊNCIA

NA HORA DO LANCHE, ALGUMAS CRIANÇAS DERRUBARAM SUCO NA CAMISETA!

LIGUE AS ROUPAS COM MANCHAS DA MESMA COR.

SE ESTE COPO DE SUCO VIRASSE, DE QUE COR SERIA A MANCHA NA CAMISETA?

PINTE COM GIZ DE CERA.

DEPOIS DE LAVADAS, AS CAMISETAS VÃO SECAR NO VARAL JUNTO DAS BERMUDAS DA ESCOLA.

NO VARAL QUE ESTÁ VAZIO, DESENHE UMA BERMUDA PARA CADA CAMISETA DO UNIFORME.

POMBINHA BRANCA

POMBINHA BRANCA,
O QUE ESTÁ FAZENDO?
LAVANDO ROUPA PRO CASAMENTO.

CANTIGA.

HÁ VÁRIOS MODELOS DE CAMISETAS.

PINTE COM A MESMA COR AS CAMISETAS DO MESMO MODELO.

EXISTEM ROUPAS APROPRIADAS PARA CADA SITUAÇÃO.

PINTE AS ROUPAS ABAIXO DE ACORDO COM A UTILIDADE QUE TÊM:

- DE **AZUL** ROUPAS PARA NADAR.
- DE **VERMELHO** ROUPAS PARA BRINCAR NO PARQUE.

VOCÊ SABE NADAR? JÁ VIU ESTA PLACA EM ALGUM LUGAR?

FAÇA UM **X** NOS LOCAIS AOS QUAIS ELA SE REFERE.

QUANTIDADE

O QUE É, O QUE É?

O LUGAR QUE SÓ SE PODE ENTRAR QUANDO JÁ ESTÁ CHEIO.

ADIVINHA.

COM TINTA A DEDO, PINTE A PISCINA QUE TEM **MUITA** ÁGUA E FAÇA UM **X** NA PISCINA QUE TEM **POUCA** ÁGUA.

QUE CALOR! QUE TAL UM BANHO DE PISCINA?

PINTE DE **AZUL** A PISCINA COM **MAIS** CRIANÇAS E DE **VERDE** A PISCINA COM **MENOS** CRIANÇAS.

VOCÊ SABE PARA QUE SERVE UMA BOIA?

FAÇA UM TRAÇO NAS CRIANÇAS QUE ESTÃO USANDO **UMA** BOIA E CIRCULE AS QUE NÃO USAM **NENHUMA** BOIA.

PINTE AS CRIANÇAS QUE TÊM TOUCA.

HÁ **MAIS** CRIANÇAS COM TOUCA DO QUE SEM TOUCA?

DESENHE CRIANÇAS NA PISCINA QUE NÃO TEM **NENHUMA** CRIANÇA PARA QUE AS DUAS PISCINAS FIQUEM COM **A MESMA QUANTIDADE** DE CRIANÇAS.

BRINCANDO COM SITUAÇÕES MATEMÁTICAS

OBSERVE AS CENAS E COMPREENDA A HISTÓRIA.

NÚMEROS DE 1 A 10

QUANTAS CRIANÇAS VOCÊ VÊ?

UM

um

CUBRA O TRACEJADO E CONTINUE ESCREVENDO O NÚMERO 1.

FAÇA UM **X** NOS QUADROS EM QUE HÁ APENAS 1 (UM) OBJETO.

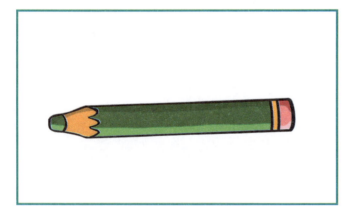

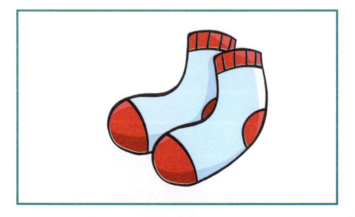

QUANTAS CRIANÇAS VOCÊ VÊ?

DOIS
dois

CUBRA O TRACEJADO E CONTINUE ESCREVENDO O NÚMERO 2.

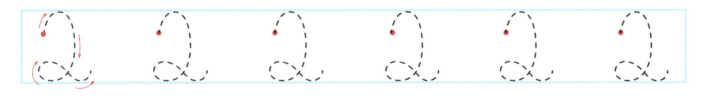

QUANTOS OBJETOS HÁ EM CADA QUADRO?
DESENHE MAIS UM OBJETO EM CADA UM DELES.

E AGORA, QUANTOS OBJETOS FICARAM EM CADA QUADRO?

QUANTAS CRIANÇAS VOCÊ VÊ?

TRÊS
três

CUBRA O TRACEJADO E CONTINUE ESCREVENDO O NÚMERO 3.

PINTE A QUANTIDADE DE OBJETOS INDICADA EM CADA GRUPO.

O QUE É, O QUE É?

QUEM VÊ NÃO USA.
QUEM NÃO VÊ PRECISA.
QUANDO ESTÁ NO ROSTO,
MUDA NOSSA FISIONOMIA.

ADIVINHA.

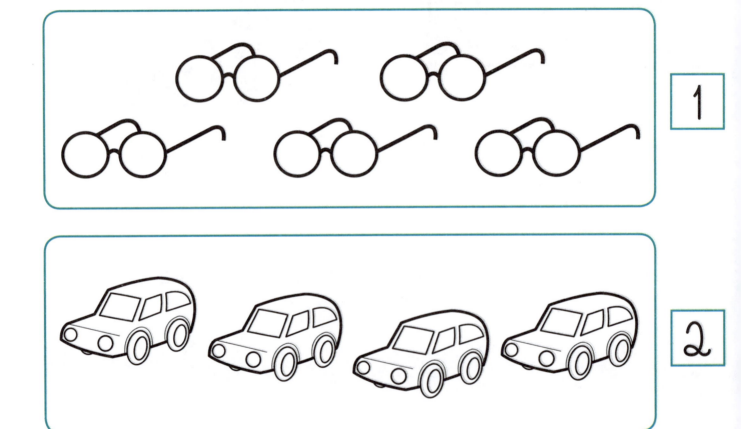

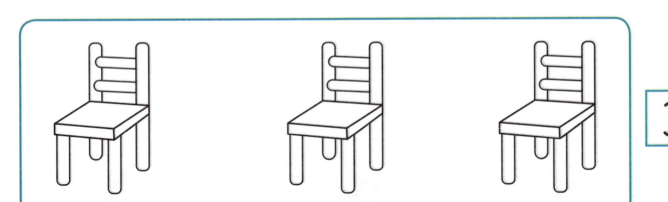

QUANTAS CRIANÇAS VOCÊ VÊ?

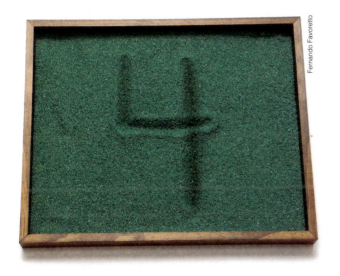

QUATRO
quatro

CUBRA O TRACEJADO E CONTINUE ESCREVENDO O NÚMERO 4.

OBSERVE OS COLARES E PINTE-OS DE ACORDO COM A LEGENDA:

- 2 COLARES DE **AMARELO**;
- 4 COLARES DE **AZUL**.

QUANTAS CRIANÇAS VOCÊ VÊ?

CINCO
cinco

CUBRA O TRACEJADO E CONTINUE ESCREVENDO O NÚMERO 5.

DESTAQUE AS FIGURAS DA PÁGINA 119 E COLE-AS A SEGUIR, CONFORME O NÚMERO INDICADO.

3	5

O TREM APRESSADO

O APRESSADO TREM DE FERRO, QUANDO AO LONGE SE AVISTOU, ANDAVA COM TAMANHA CORRERIA, QUE NEM NA ESTAÇÃO PAROU.

QUADRINHA.

QUANTAS CRIANÇAS VOCÊ VÊ?

SEIS

CUBRA O TRACEJADO E CONTINUE ESCREVENDO O NÚMERO 6.

ENCONTRE 6 (SEIS) FLORES NO JARDIM E CIRCULE-AS COM CANETINHA HIDROCOR.

O CRAVO E A ROSA

O CRAVO BRIGOU COM A ROSA
DEBAIXO DE UMA SACADA.
O CRAVO SAIU FERIDO
E A ROSA DESPEDAÇADA. [...]

CANTIGA.

QUANTAS CRIANÇAS VOCÊ VÊ?

SETE
sete

CUBRA O TRACEJADO E CONTINUE ESCREVENDO O NÚMERO 7.

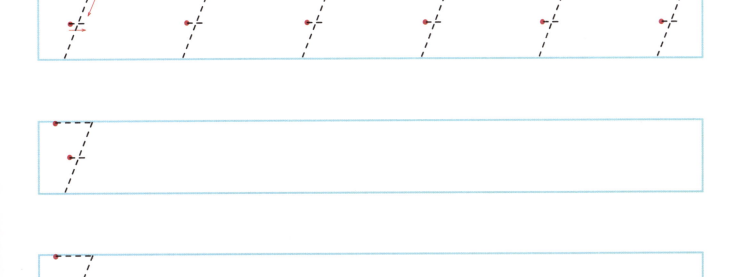

CONTE QUANTOS FILHOTES HÁ EM CADA GRUPO E ESCREVA O NÚMERO NO QUADRINHO. DEPOIS, PINTE AS FIGURAS.

QUANTAS CRIANÇAS VOCÊ VÊ?

OITO

oito

CUBRA O TRACEJADO E CONTINUE ESCREVENDO O NÚMERO 8.

ENCONTRE O ANIMAL QUE TEM 8 (OITO) PERNINHAS E MARQUE-O COM UM **X**.

QUANTAS PERNINHAS OU PATINHAS TÊM OS OUTROS ANIMAIS?

QUANTAS CRIANÇAS VOCÊ VÊ?

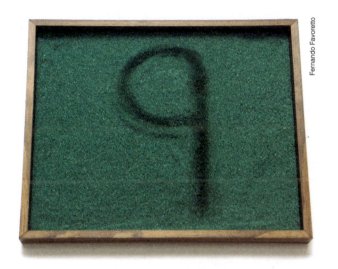

NOVE

nove

CUBRA O TRACEJADO E CONTINUE ESCREVENDO O NÚMERO 9.

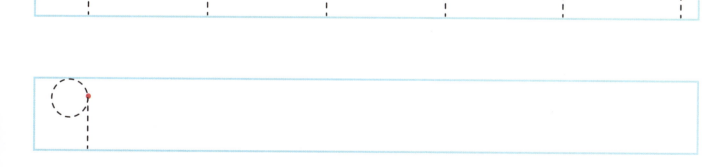

ENCONTRE 9 (NOVE) PEÇAS DE ROUPAS ESPALHADAS PELO QUARTO E CIRCULE-AS.

QUANTAS CRIANÇAS VOCÊ VÊ?

DEZ

dez

CUBRA O TRACEJADO E CONTINUE ESCREVENDO O NÚMERO 10.

DESENHE RODAS NOS TRENS DE ACORDO COM A QUANTIDADE INDICADA.

O TREM

LA VAI O TREM.
VAI SUBINDO PELO MONTE.
ELE VAI POR AÍ,
PIUÍ, PIUÍ.
CAFÉ COM PÃO,
BOLACHA NÃO.
CHIQUE, CHIQUE, CHOQUE, CHOQUE.
BOTA LENHA, PÕE CARVÃO...

CANTIGA.

6

10

BRINCANDO COM ARTE

VAMOS BRINCAR DE JOGO DA MEMÓRIA?

DESTAQUE AS PEÇAS DO JOGO DA MEMÓRIA DAS PÁGINAS 125 E 127 E BRINQUE COM OS COLEGAS.

VEJA, A SEGUIR, AS INSTRUÇÕES DE COMO BRINCAR.

MISTURE AS CARTAS E DEIXE-AS ESPALHADAS SOBRE A MESA, COM A IMAGEM VIRADA PARA BAIXO.

UM JOGADOR POR VEZ VIRA DUAS CARTAS, TENTANDO FORMAR O PAR (CARTA COM O NÚMERO E CARTA COM A QUANTIDADE QUE ELE REPRESENTA).

CASO CONSIGA FORMAR O PAR, ELE FICA COM ESSAS CARTAS E JOGA NOVAMENTE. CASO CONTRÁRIO, PASSA A VEZ AO PRÓXIMO JOGADOR.

GANHA QUEM TIVER FORMADO MAIS PARES.

ONDE USAMOS OS NÚMEROS?

DESCUBRA E CIRCULE O NÚMERO DA VAGA DAS BICICLETAS DE MATIAS E DE SEU PAI.

A BICICLETA

LÁ VAI ELA
ANDANDO PELA VIELA,
GIRANDO SEUS PÉS REDONDOS
COM SEU CORPO BEM MAGRINHO.
VAI LEVANDO O MENINO,
QUE PEDALA
DEVAGAR OU RAPIDINHO.

TEXTO ESPECIALMENTE ESCRITO PARA ESTA OBRA.

MINHA BICICLETA É AZUL E GRANDE.

MINHA BICICLETA É AMARELA E PEQUENA.

CIRCULE O NÚMERO QUE REPRESENTA A QUANTIDADE DE BICICLETAS NA IMAGEM E FAÇA UM **X** NO NÚMERO QUE REPRESENTA A QUANTIDADE TOTAL DE RODAS.

DEPOIS, CUBRA AS RODAS DAS BICICLETAS COM COLA COLORIDA.

1 2 3 4 5 6 7 8 9 10

A MÃE DE MATIAS ESTAVA OLHANDO PELA JANELA.

CONTE OS ANDARES PARA DESCOBRIR EM QUAL ANDAR ELE MORA.

ESCREVA O NÚMERO DO ANDAR NO QUADRO E DEPOIS PINTE O DESENHO.

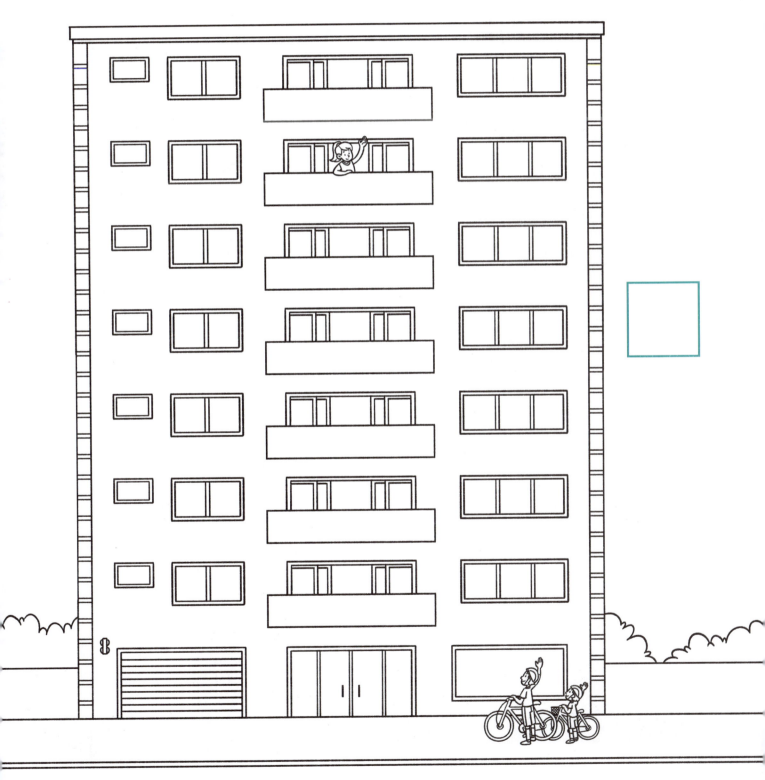

PINTE O BOTÃO QUE MATIAS DEVE APERTAR NO ELEVADOR.

HISTÓRIAS E NÚMEROS

VOCÊ CONHECE A HISTÓRIA DE CACHINHOS DOURADOS?

ERA UMA VEZ UMA MENINA DE LINDOS CACHOS DOURADOS. PASSEANDO PELO BOSQUE, ELA ENCONTROU UMA CASA MUITO BONITA E DECIDIU ENTRAR.

COMO ESTAVA FAMINTA, PROVOU AS TRÊS TIGELAS DE SOPA QUE ESTAVAM EM CIMA DA MESA, ATÉ ACHAR UMA QUE NÃO ESTIVESSE MUITO QUENTE.

COMO ESTAVA CANSADA, EXPERIMENTOU SENTAR-SE EM CADA UMA DAS TRÊS CADEIRAS, MAS UMA QUEBROU.

PARA CONSEGUIR DORMIR, DEITOU NAS TRÊS CAMAS ATÉ ENCONTRAR A MAIS MACIA.

QUANDO OS URSOS, DONOS DA CASA, CHEGARAM E VIRAM AQUELA BAGUNÇA, FICARAM MUITO BRAVOS.

CACHINHOS DOURADOS DESPERTOU COM O BARULHO E FUGIU COM MEDO, PROMETENDO NUNCA MAIS VOLTAR LÁ.

TRECHO RECONTADO ESPECIALMENTE PARA ESTA OBRA.

CUBRA O TRACEJADO DOS CACHINHOS DA MENINA E DEIXE-OS BEM DOURADOS COLANDO *GLITTER* OU PAPEL LAMINADO.

CACHINHOS DOURADOS PROVOU AS TRÊS TIGELAS DE SOPA. DESTAQUE AS FIGURAS DA PÁGINA 119 E COLE AS TIGELAS AQUI, DA **MAIOR** PARA A **MENOR**.

AGORA, DESENHE UMA TIGELA AINDA **MAIOR** DO QUE AS QUE VOCÊ COLOU ACIMA.

COM QUAL FIGURA GEOMÉTRICA SE PARECE A TIGELA DE SOPA QUE CACHINHOS DOURADOS PROVOU? PINTE-A.

OBSERVE ESTAS OUTRAS TIGELAS E LIGUE-AS ÀS FIGURAS GEOMÉTRICAS COM AS QUAIS SE PARECEM.

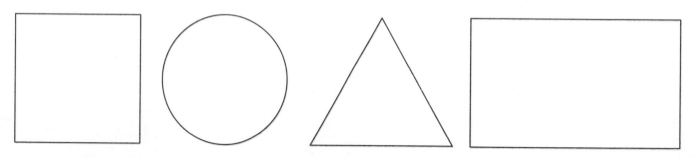

SITUAÇÕES-PROBLEMA

AS TIGELAS DOS URSOS TINHAM TEMPERATURAS DIFERENTES. LEIA O QUE OS URSOS ESTÃO DIZENDO E DESCUBRA QUAL TIGELA PERTENCE A CADA UM. DEPOIS, FAÇA O QUE SE PEDE:

- DESENHE FUMACINHA NA TIGELA **QUENTE**.
- CIRCULE A TIGELA **FRIA**.
- FAÇA UM **X** NA TIGELA **MORNA**.

DEPOIS DE TANTO COMER, CACHINHOS DOURADOS DECIDIU SE SENTAR NA CADEIRA DOS URSINHOS.

DESENHE 3 CADEIRAS: UMA PEQUENA, UMA MÉDIA E UMA GRANDE.

EM QUAL CADEIRA VOCÊ GOSTARIA DE SE SENTAR? DESENHE-SE NELA.

BRINCANDO COM SITUAÇÕES MATEMÁTICAS

O QUE VOCÊ ACHA QUE ESTÁ ACONTECENDO AQUI?

QUANTAS CADEIRAS HÁ NA IMAGEM?

LIGUE CADA CRIANÇA A UMA CADEIRA E DESCUBRA QUEM FICOU EM PÉ.

CACHINHOS DOURADOS SUBIU AS ESCADAS PARA CHEGAR AOS QUARTOS.

OBSERVE A SEQUÊNCIA DE CORES DOS DEGRAUS E CONTINUE PINTANDO ELES.

CONTE QUANTOS DEGRAUS CACHINHOS DOURADOS SUBIU E ESCREVA O NÚMERO NO QUADRO.

LIGUE CADA CAMA A SEU DONO.

MINHA CAMA É A MENOR. NÃO É NEM TÃO DURA NEM TÃO MACIA.

MINHA CAMA NÃO É TÃO GRANDE NEM TÃO PEQUENA, MAS É A MAIS MACIA.

MINHA CAMA É A MAIOR E A MAIS DURA.

NO QUARTO, HAVIA MUITOS OBJETOS INTERESSANTES. CIRCULE OS QUE LEMBRAM AS SEGUINTES FIGURAS GEOMÉTRICAS:

QUANDO OS URSOS VOLTARAM PARA CASA, CACHINHOS DOURADOS LEVOU UM SUSTO E SAIU CORRENDO PELA FLORESTA.

QUAL É A PÁGINA DO LIVRO EM QUE ISSO ACONTECE? ESCREVA O NÚMERO DELA NO QUADRO ABAIXO.

ENCARTES DE ADESIVOS

PÁGINA 9

PÁGINA 45

PÁGINA 54

PÁGINA 55

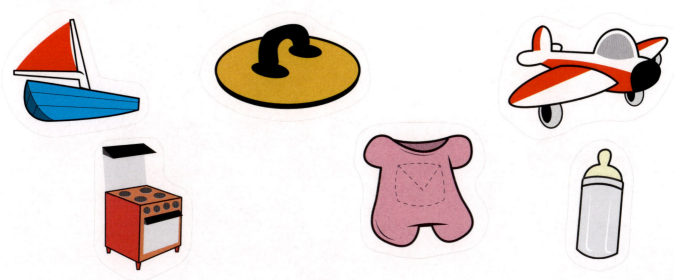

PÁGINA 59

PÁGINA 62

 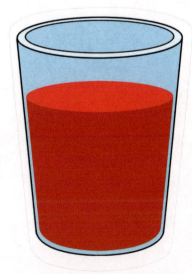  

PÁGINA 84

PÁGINA 103

ENCARTES DE PICOTES

PÁGINA 13

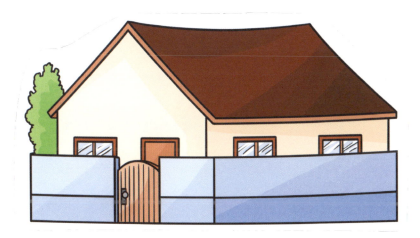

PÁGINA 27

PÁGINA 33

PÁGINA 37

PÁGINA 30

PÁGINA 95

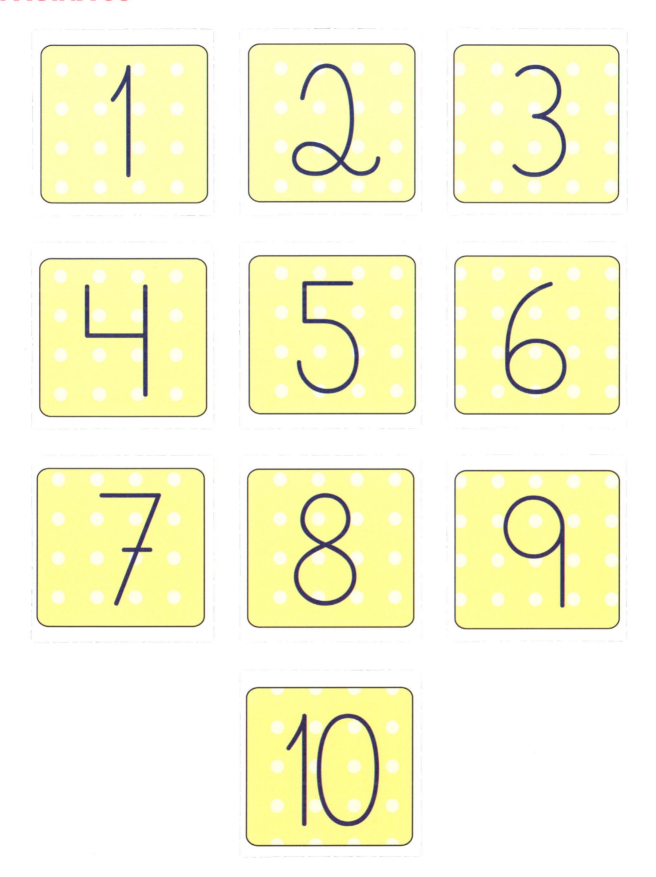

PÁGINA 95

  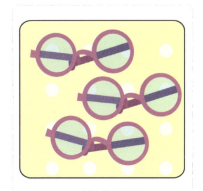

 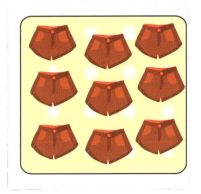 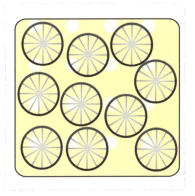
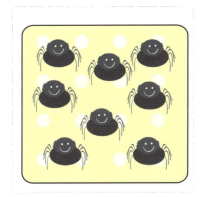

Jaime Teles da Silva
Graduado em Pedagogia
Bacharel e licenciado em Educação Física
Especializado em Educação Física Escolar
Professor na rede municipal

Letícia García
Formada em Pedagogia
Professora de Educação Infantil

Vanessa Mendes Carrera
Mestre em Educação
Pós-graduada em Alfabetização e Letramento
Graduada em Pedagogia
Professora de Educação Infantil e do 1º ano
do Ensino Fundamental

Viviane Osso L. da Silva
Pós-graduada em Neurociência Aplicada à Educação
Pós-graduada em Educação Inclusiva
Graduada em Pedagogia
Professora de Educação Infantil e do 1º ano
do Ensino Fundamental

CADERNO DE
ATIVIDADES

1

Educação
Infantil

PEDRO MISTUROU AS LATAS DE TINTA QUE ESTAVA USANDO. VAMOS AJUDÁ-LO A ORGANIZÁ-LAS? PINTE CADA LATA COM A COR INDICADA.

VERMELHO.

VERDE.

AZUL.

PINTE OS GIZES DE CERA CONTINUANDO A SEQUÊNCIA DE CORES.

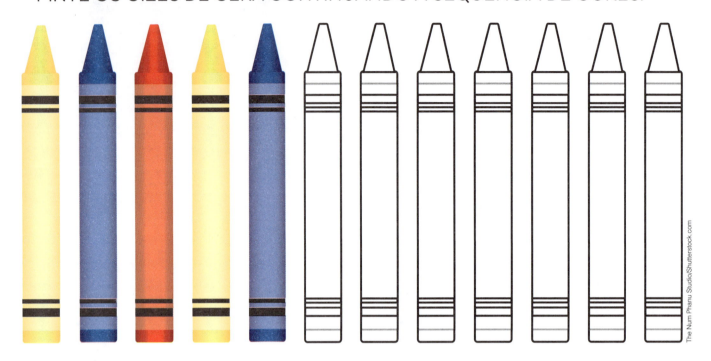

LIGUE OS DESENHOS DA MESMA COR.

VEJA AS CRIANÇAS BRINCANDO. PINTE A CENA COM SUAS CORES FAVORITAS.

ALICE GOSTA MUITO DE URSINHOS DE PELÚCIA E GANHOU TRÊS EM SEU ANIVERSÁRIO. PINTE DE **AZUL** O **MAIOR** URSINHO QUE ELA GANHOU E DE **VERDE** O **MENOR**.

AJUDE A ORGANIZAR OS LÁPIS. PINTE OS LÁPIS **GROSSOS** E MARQUE UM **X** NOS LÁPIS **FINOS**.

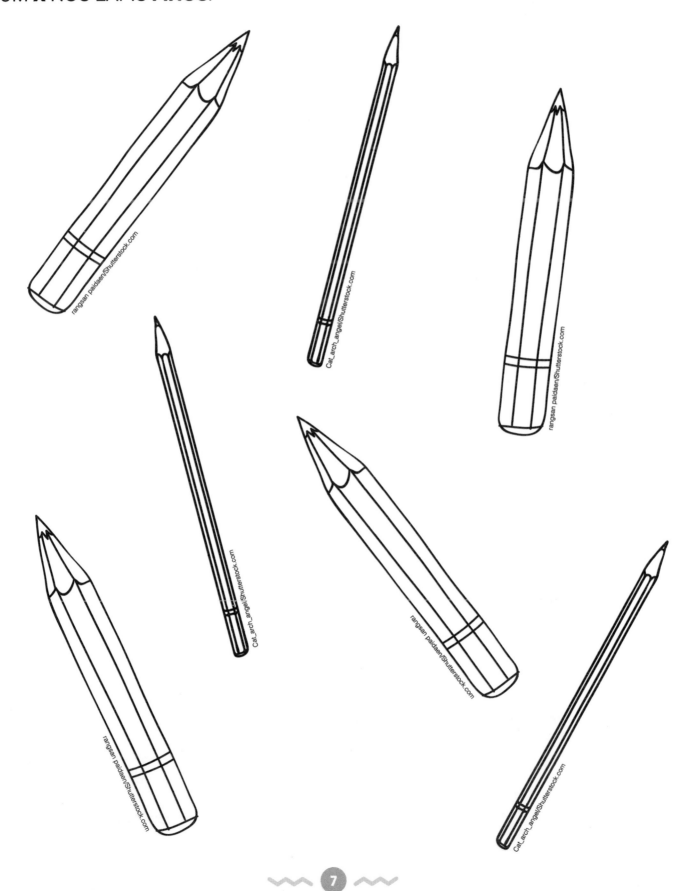

OS MENINOS ESTÃO EMPINANDO PIPA. CIRCULE DE **VERMELHO** A PIPA QUE ESTÁ VOANDO MAIS **ALTO** E DE **AMARELO** A QUE ESTÁ VOANDO MAIS **BAIXO**. DEPOIS, PINTE A CENA.

DESENHE UM OSSO **GRANDE** PARA O CACHORRO GRANDE E UM OSSO **PEQUENO** PARA O CACHORRO PEQUENO. DEPOIS, PINTE A CENA.

AS MENINAS ESTÃO BRINCANDO NA GANGORRA. FAÇA UM **X** NA MENINA QUE ESTÁ **EM CIMA** E CIRCULE A MENINA QUE ESTÁ **EMBAIXO**. DEPOIS, PINTE A CENA.

COLE BOLINHAS DE PAPEL NAS FRUTAS QUE ESTÃO **DENTRO** DA CESTA E PINTE AS FRUTAS QUE ESTÃO **FORA** DELA.

A MAMÃE PATA ESTÁ ENSINANDO OS PATINHOS A NADAR. MARQUE UM **X** NO **PRIMEIRO** PATINHO QUE ESTÁ ATRÁS DA MAMÃE E CIRCULE O **ÚLTIMO** PATINHO. DEPOIS, PINTE A CENA.

DESENHE UMA ÁRVORE **ENTRE** AS CASAS.

O AQUÁRIO ESTÁ VAZIO. DESENHE DOIS PEIXINHOS NADANDO PARA A **ESQUERDA** DA PÁGINA E UM PEIXINHO NADANDO PARA A **DIREITA** DA PÁGINA.

OBSERVE AS CRIANÇAS. CIRCULE A CRIANÇA QUE ESTÁ OLHANDO **PARA CIMA** E FAÇA UM **X** NA CRIANÇA QUE ESTÁ OLHANDO **PARA BAIXO**.

OBSERVE OS QUADRINHOS E PINTE A CENA QUE ACONTECEU **PRIMEIRO**.

MÔNICA FEZ SUCO DE LARANJA. MARQUE UM **X** NO COPO QUE ESTÁ **CHEIO** E CIRCULE O COPO QUE ESTÁ **VAZIO**.

O ELEFANTE É UM ANIMAL MUITO **PESADO**. DESENHE UM ANIMAL MAIS **LEVE** DO QUE ELE.

PINTE OS ALIMENTOS. DEPOIS CIRCULE DE **VERMELHO** OS ALIMENTOS **QUENTES** E DE **AZUL** OS **FRIOS**.

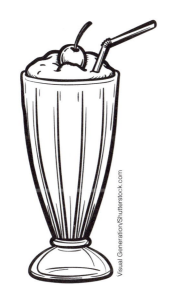

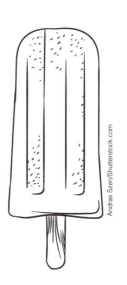

PINTE O PALHAÇO USANDO AS CORES DA LEGENDA.

PINTE OS OBJETOS QUE SE PARECEM COM AS FIGURAS GEOMÉTRICAS EM DESTAQUE.

PROCURE E PINTE OS SÓLIDOS GEOMÉTRICOS QUE APARECEM NAS CENAS.

LEIA A PARLENDA E, DEPOIS, PINTE O ARCO-ÍRIS SEGUINDO A SEQUÊNCIA DE CORES.

SOL E CHUVA,
CASAMENTO DE VIÚVA.
CHUVA E SOL,
CASAMENTO DE ESPANHOL.

PARLENDA.

A PROFESSORA FERNANDA ESTÁ LEVANDO AS CRIANÇAS PARA BRINCAR NO PARQUE. PINTE A CENA EM QUE AS CRIANÇAS ESTÃO NA FILA EM ORDEM DA **MAIOR** PARA A **MENOR**.

CIRCULE A JOANINHA QUE TEM **MAIS** BOLINHAS NAS ASAS.

FAÇA UM **X** NOS POTES COM A MESMA QUANTIDADE DE DINHEIRO.

FAÇA UM **X** NO POTE COM **MENOS** DOCES.

PINTE DA MESMA COR OS VEGETAIS QUE ESTÃO NA MESMA QUANTIDADE.

PINTE OS NINHOS. DEPOIS, LEVE A GALINHA PARA CHOCAR NO NINHO QUE TEM **MAIS** OVINHOS.

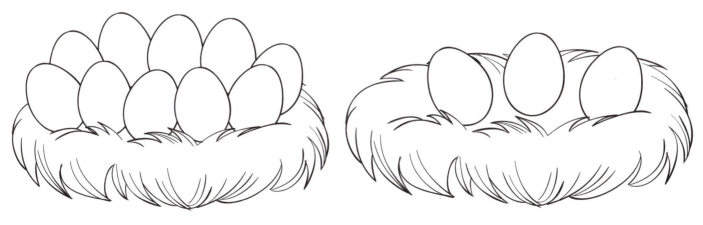

CUBRA O TRACEJADO DO NÚMERO **1** E CIRCULE A MÃOZINHA QUE REPRESENTA ESSA QUANTIDADE.

CUBRA O TRACEJADO DO NÚMERO **2** E DESENHE DUAS BOLAS DE SORVETE NA CASQUINHA.

CUBRA O TRACEJADO DO NÚMERO **3** E PINTE TRÊS PAPAGAIOS DA CENA.

CUBRA O TRACEJADO DO NÚMERO **4** E DESENHE QUATRO OVINHOS NO NINHO DO PAPAGAIO.

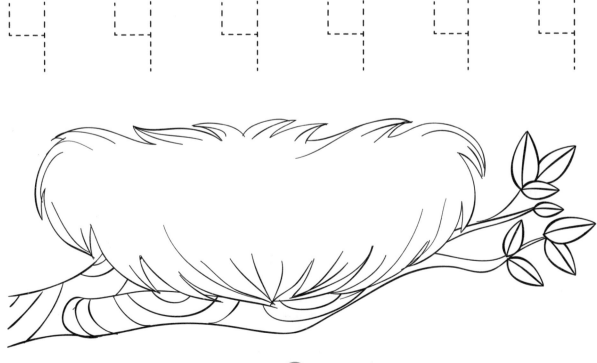

CUBRA O TRACEJADO DO NÚMERO **5** E PINTE A FACE DO DADO QUE REPRESENTA ESSA QUANTIDADE.

CUBRA O TRACEJADO DO NÚMERO **6** E COMPLETE A SEQUÊNCIA DE FRUTAS ATÉ OBTER ESSA QUANTIDADE.

CUBRA O TRACEJADO DO NÚMERO **7** E PINTE O BOLO DE ANIVERSÁRIO QUE TEM ESSA QUANTIDADE DE VELAS.

CUBRA O TRACEJADO DO NÚMERO **8** E COMPLETE A SEQUÊNCIA DE BRIGADEIROS ATÉ OBTER ESSA QUANTIDADE.

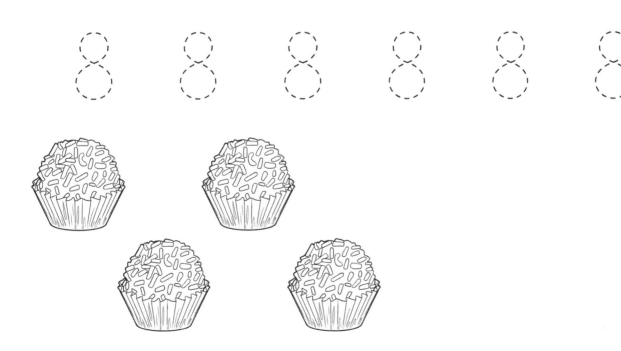

CUBRA O TRACEJADO DO NÚMERO **9** E CIRCULE A QUANTIDADE DE ABELHAS QUE REPRESENTA ESSE ALGARISMO. DEPOIS, PINTE A CENA.

CUBRA O TRACEJADO DO NÚMERO **10** E DESENHE MAIS MEIAS NO VARAL ATÉ CHEGAR A ESSA QUANTIDADE.

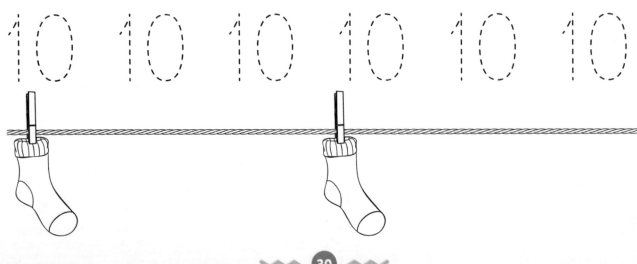

LIGUE O NÚMERO À QUANTIDADE DE FRUTAS QUE ELE REPRESENTA.

1

2

3

4

5

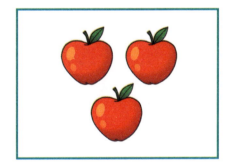

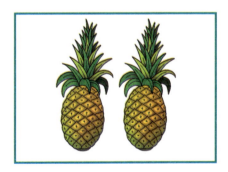

LIGUE O NÚMERO À QUANTIDADE DE BRINQUEDOS QUE ELE REPRESENTA.

6

7

8

9

10

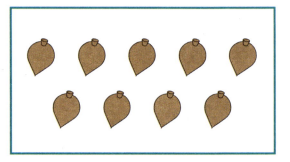

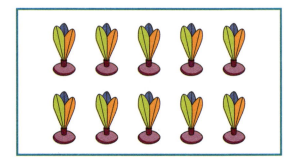

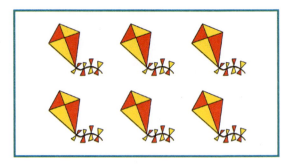